DAS IST DAS
FUSSBALLBUCH
VON

FALKEN Ratgeber für Kinder

MEIN FUSSBALLBUCH

Detlev Patz

FALKEN

Inhalt

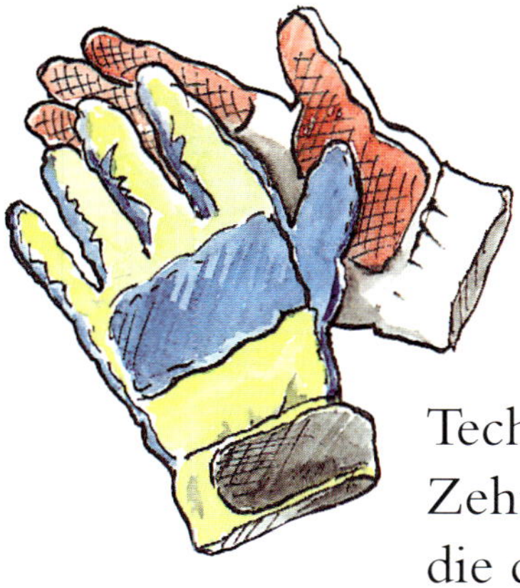

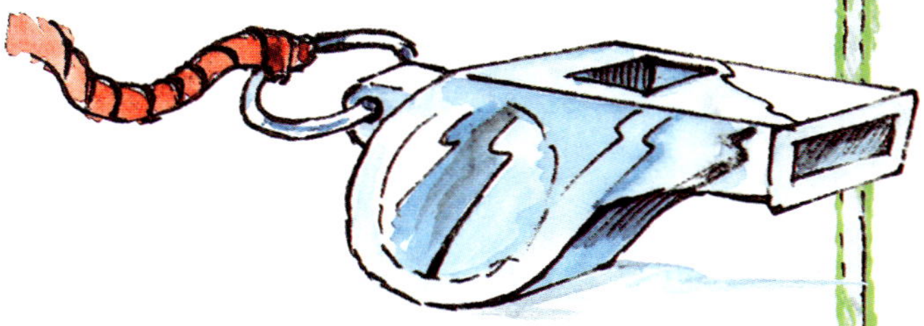

Fußball kennt jeder

Wer Fußball spielen kann, der findet schnell Freunde, denn Fußball ist nicht nur in Deutschland, sondern auf der ganzen Welt ein sehr beliebter Sport. Wenn du mit Kindern in deinem Alter spielen möchtest, brauchst du nur einen Ball. Die Aufforderung, mit dem Fuß dagegenzutreten, wird schnell verstanden. Und das überall, wohin du auch kommst.

Mit deinen Eltern im Urlaub, vielleicht auf dem Campingplatz, kannst du es ja einmal versuchen. Nimm deinen Ball und spiel mit ihm. Bald werden Kinder, die vielleicht sogar eine andere Sprache sprechen als du, zu dir kommen.

Ihr werdet euch trotzdem gut verstehen, weil ihr miteinander spielt. Zu reden braucht ihr erst einmal nicht, denn die Fußballregeln sind international, das heißt, sie sind auf der ganzen Welt gleich.

Und wenn du erst einmal über das Spiel mit dem runden Leder mit anderen in Kontakt gekommen bist, findest du mit deinen neuen Freunden bald weitere Spielmöglichkeiten.

Selbst das miteinander Sprechen wird euch nicht schwer fallen, weil auch die Fußballsprache von vielen beherrscht wird. Wenn du nur ein paar Namen großer Fußballstars erwähnst, wirst du sehen, wie die Augen deiner Mitspieler glänzen, weil sie die ebenfalls kennen und bewundern.

All das gilt natürlich auch, wenn du nicht in die Ferien fährst. Denn wer sich mit Fußball beschäftigt und ihn auch noch spielt, der hat immer etwas zu tun und kennt keine Langeweile.

Mein persönlicher Fußballsteckbrief

Hier kannst du ein Fußballfoto von dir selber einkleben.

Vorname:

....

Nachname:

....

Alter:

....

Verein:

....

Meine Stärken:

....

....

Mein Vorbild:

....

....

Mein Lieblingsverein:

Hier ist Platz für das Emblem (Wappen) deines Lieblingsvereins.

Das Fußballfeld

Alle Linien, Punkte und Felder auf dem Fußballfeld haben eine Bedeutung für das Spiel. Die wichtigsten werden dir hier erklärt.

Der **Strafraum** ist besonders wichtig. Hier darf der Torwart den Ball in die Hand nehmen. Wenn hier aber ein Angreifer gefoult wird oder ein Verteidiger den Ball mit der Hand spielt, gibt es Elfmeter.

Innerhalb des **Torraumes** darf der Torwart nicht angegriffen werden.

Wußtest du schon, ...

... daß das Maracana Stadion in Rio de Janeiro das größte Fußballstadion der Welt ist? In ihm haben fast 170 000 Zuschauer Platz.

Beim Anstoß vom **Anstoßpunkt** aus dürfen sich im Mittelkreis vor der ersten Ballberührung nur die Spieler der anstoßenden Mannschaft aufhalten. Und es darf kein Spieler die Mittellinie übertreten. Erst nach Ausführung des Anstoßes darf sich jeder Spieler auf dem ganzen Platz bewegen. Einen Anstoß gibt es zu Beginn jeder Halbzeit und nach einem Tor.

Wenn der Ball das Spielfeld über die **Seitenlinie** verläßt, gibt es einen Einwurf für die Mannschaft, die den Ball vor Überschreiten dieser Linie nicht berührt hat.

Ein Tor ist dann erzielt worden, wenn der Ball mit seinem vollen Umfang die **Torlini**e überschritten hat. Kein Teil des Balles darf sich also noch vor oder auf der Linie befinden.

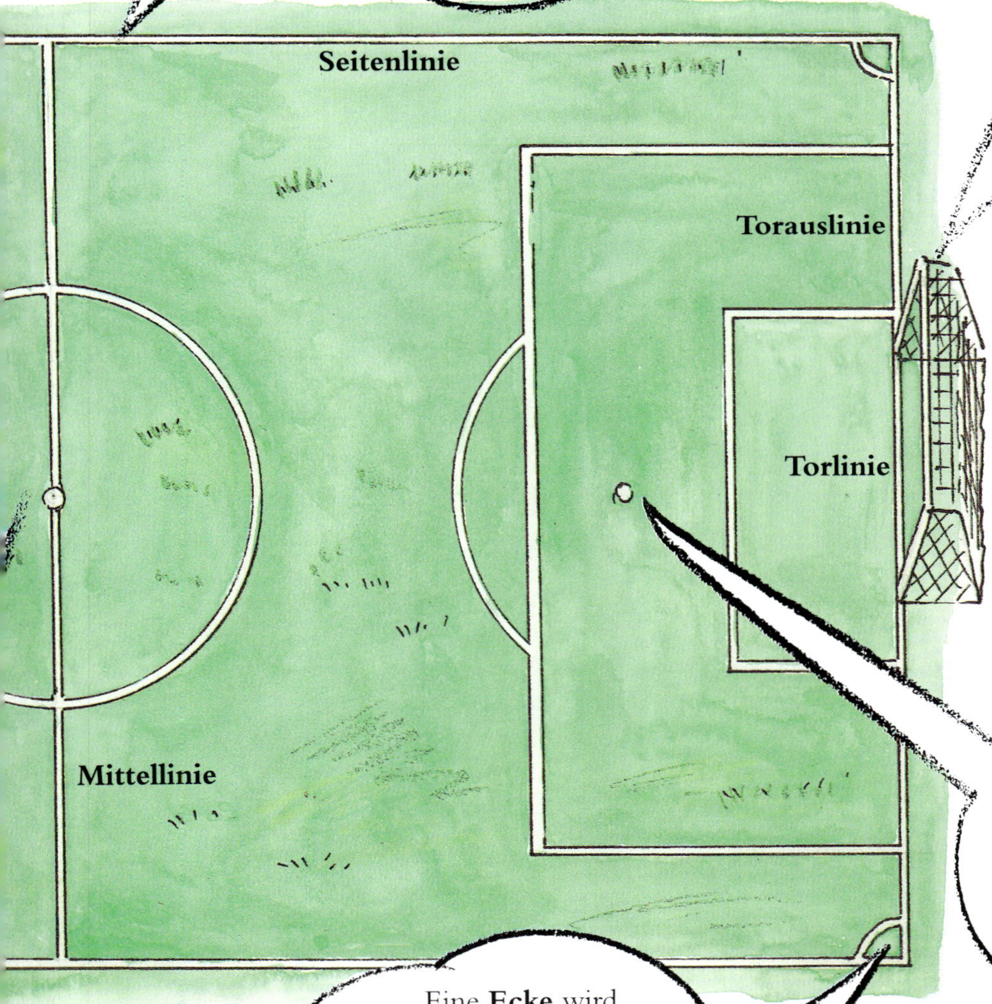

Beim Elfmeter, wird der Ball auf den **Strafstoß- oder Elfmeterpunkt** gelegt. Ein Angreifer darf den Strafstoß treten. Alle anderen, bis auf den Torwart, müssen außerhalb des Strafraumes und des Halbkreis stehen.

Eine **Ecke** wird getreten, wenn ein abwehrender Spieler den Ball als letzter berührt hat, bevor er die **Torauslinie** überquert. Wenn ein Angreifer den Ball zuletzt berührt hat, gibt es einen Abstoß aus dem Torraum heraus.

Der Ball

Wenn du einen eigenen Ball hast, kannst du jeden Tag üben, auch allein. Es ist gar nicht so wichtig, aus welchem Material dein Fußball ist. Manchmal macht das Spielen mit einem Plastikball viel mehr Spaß als mit einem richtigen Lederball, zum Beispiel weil er einfach leichter ist und sich bei Nässe nicht so mit Wasser vollsaugt.
Oft hängt das Material, aus dem dein Ball gemacht ist, auch davon ab, was du gerne trainieren möchtest. Wenn du beispielsweise den Kopfball üben willst, ist es sogar besser, wenn du einen weichen Softball oder einen Volleyball nimmst; mehr dazu findest du im Kapitel „Das Kopfballspiel".
Wichtig ist nur, daß dein Ball nicht zu klein ist, damit du ihn auch richtig treffen kannst.

Der Fernsehball

Die Bälle, die in der Bundesliga benutzt werden, sind aus echtem Leder. Die Sechsecke, die du auf den Bällen siehst, werden mit der Hand vernäht.
Ein Fußball für ein Punktspiel muß einen Umfang von 68 bis 71 Zentimetern haben und zwischen 396 und 453 Gramm wiegen.
Früher waren die Bälle meistens braun. Das hat sich aber geändert, seitdem es

Bundesligaspiel im Schnee

Fernsehen gibt, weil die schwarz-weißen Bälle für den Fernsehzuschauer leichter zu erkennen sind. Im Winter werden für Fußballübertragungen sogar rote Bälle benutzt, die auf schneebedeckten Fußballfeldern noch besser zu sehen sind.

Übe jeden Tag mit deinem Ball
Um ein guter Fußballer zu werden, mußt du viel üben. Es reicht nicht aus, nur einmal in der Woche zum Training in den Verein zu gehen.

So kannst du auch allein spielen
Wenn kein Mitspieler in der Nähe ist, kannst du trotzdem allein üben. Suche dir eine Wand, gegen die der Ball gespielt wird. Spiele den Ball hoch oder flach gegen eine Wand und versuche, ihn auch wieder zu stoppen. Probiere alles aus, was dir einfällt. Achte natürlich darauf, daß keine Glasscheiben in der Nähe sind.
Du kannst zum Beispiel auch probieren, den Ball aus der Luft zu nehmen. Dazu wirfst du ihn zuerst mit den Händen hoch und schießt dann, wenn er wieder herunterfällt.

Das Dribbling

Das Dribbling wendest du an, wenn du einen Gegenspieler umspielen möchtest, weil du nicht abspielen kannst. Oder um eine bessere Schußposition auf das Tor zu bekommen. Im Spiel sind es vor allem die Mittelfeldspieler und die Stürmer, die mit dem Ball dribbeln. Ein toller Dribbler in der deutschen Nationalmannschaft ist zum Beispiel Andreas Möller.

Wußtest du schon, ...

... daß es erst seit 1933 Rückennummern für die Spieler gibt? Erfunden wurden sie in England. Damals trugen die Mannschaften des FC Everton die Nummern 1 bis 11, die von Manchester City die Nummern 12 bis 22.

So kannst du üben:

Balltreiben

Lauf mit dem Ball über das Spielfeld oder eine Rasenfläche von Tor zu Tor. Achte darauf, daß der Ball dir beim Spielen nicht zu weit vom Fuß rollt. Versuche, dabei Haken wie ein Hase zu schlagen, oder lauf mit dem Ball einmal im Kreis. Dreh dich außerdem auch möglichst um die eigene Körperachse. Beim Laufen solltest du deine Geschwindigkeit verändern, mal schnell, mal langsam.

Besonders dribbelstark waren schon immer die Spieler aus Brasilien. Hier spielen Bebeto (links in gelb) und Jorginho (rechts) ihre russischen Gegner aus

Dosenslalom

Sammle alte Dosen, die du im Abstand von 2 Metern in einer Linie hintereinanderstellst. Nun führst du den Ball am Fuß um die Dosen herum. Achte beim Dribbeln darauf, daß sich dein Körper immer zwischen Ball und Dose befindet. Die Dosen stellen nämlich den Gegner dar.

Auch während des Spiels solltest du dann beim Dribbeln immer darauf achten, daß sich dein Körper zwischen Ball und Gegner befindet.

Dribbeln mit Freunden

Wenn deine Freunde auch alle einen eigenen Ball besitzen, könnt ihr euch ein Feld eingrenzen, in dem jeder mit seinem Ball dribbelt. Das Schwierige daran ist, sich beim Dribbeln nicht gegenseitig in die Quere zu kommen. Denkt daran, mal schneller und mal langsamer zu laufen.

Einer gegen einen

Bei dieser Übung habt ihr schon die Situation, die ihr im Spiel vorfindet, wenn ihr einen Gegenspieler ausspielen müßt. Einer von euch führt den Ball am Fuß, und der andere versucht, ihm den Ball abzujagen. Dann geht das Spiel umgekehrt weiter.

Das Passen

Das Passen oder das Zuspielen des Balles ist im Spiel sehr wichtig, weil du mit dieser Technik den Ball innerhalb deiner Mannschaft halten kannst. Je länger und genauer eine Mannschaft den Ball untereinander zuspielen kann, um so leichter gelingt es ihr, die andere Mannschaft auszupielen und vielleicht zum Torerfolg zu kommen. Den meisten Erfolg haben nämlich die Mannschaften, deren Zusammenspiel am besten klappt.

Beim Schießen auf Dosen kannst du das zielgenaue Passen üben

Nur selten kommt es vor, daß Mannschaften mit einem großen Star, der fast alles alleine macht, auch große Erfolge erringen.

Innen- und Außenspannstoß

Vielleicht hast du schon einmal die Begriffe Innenspannstoß oder Außenspannstoß gehört. In der Fußballfachsprache spricht man beim Spielen des Balles auch davon, daß er gestoßen wird. Beim Innenspannstoß wird der Ball mit der Innenseite des Fußes gespielt. Du mußt dabei darauf achten, daß dein Fußgelenk fixiert, das heißt festgestellt, ist. Das erreichst du, indem deine Fußspitze leicht nach oben zeigt. Dann stößt du den Ball in die von dir vorgesehene Richtung.

Und beim Außenspannstoß machst du dasselbe, nur eben mit der äußeren Seite deines Fußes.
Achte beim Paßspiel darauf, den Ball flach zu spielen. Das hat im Spiel den Vorteil, daß deine Mitspieler den Ball besser annehmen können.

Innenspannstoß *Außenspannstoß*

Übungen zum Passen

Ziele treffen

Stell dir Ziele hin, auf die du mit dem Ball spielst: Stelle beispielsweise Dosen nebeneinander oder stecke Stöcke in den Rasen, die du dann mit dem Paß umstößt. Du kannst auch mit abwaschbarer Kreide einen Kreis auf eine Hauswand malen und dann darauf zielen. Frage aber vorher deine Eltern oder den Hausbesitzer um Erlaubnis.
Du kannst daraus auch ein kleines Spiel machen. Du hast zehn Versuche. Zähle dabei, wie oft du dein Ziel triffst.

Passen im Dreieck. Jeder stößt den Ball mal mit dem Innen- und mal mit dem Außenspann

Passen aus dem Lauf. Diese Übung ist vor allem für Stürmer wichtig und bildet auch die Grundlage für den Doppelpaß

Partnerspiel

Stellt euch zu zweit gegenüber, am Anfang noch nicht in zu großer Entfernung. Spielt euch nun abwechselnd den Ball mit dem Innenspannstoß flach zu. Wenn ihr das beherrscht, könnt ihr auch abwechselnd mit dem Innenspann und dem Außenspann spielen. Vergrößert dabei allmählich den Abstand zwischen euch.

Passen im Dreieck

Zu dritt wird das Paßspiel noch viel interessanter, weil du dir dabei einen Mitspieler, den du anspielen möchtest, aussuchen kannst.

Stellt euch dabei zu einem Dreieck auf. Euer Abstand vom Mitspieler sollte mindestens 5 Meter betragen. Jetzt könnt ihr euch den Ball zuspielen.

Passen aus dem Lauf

Für diese Übung brauchst du mindestens noch zwei Mitspieler. Zwei stellen sich hintereinander auf. Der vordere Spieler hat den Ball und läuft mit ihm auf die gegenüberliegende Seite des Übungsfeldes. Dort wartet der dritte Spieler. Bevor der erste Spieler ihn erreicht, spielt er ihm den Ball flach zu. Der zweite Spieler nimmt ihn an und läuft jetzt mit dem Ball auf die gegenüberliegende Seite. Der erste Spieler wartet, bis der dritte Spieler zurückkommt und ihm den Ball zuspielt. Dann läuft er wieder mit dem Ball auf die gegenüberliegende Seite.

Die Ballannahme

Eine gelungene Ballannahme ist genauso wichtig wie ein gelungenes Zuspiel. Bei der Ballannahme solltest du vor allem darauf achten, daß dir der Ball nicht zu weit vom Körper wegspringt. Dadurch verringern sich nämlich die Chancen deines Gegenspielers, an den Ball heranzukommen.

Stefan Effenberg bei der Ballannahme

Flache Bälle stoppst du deshalb am besten mit dem Fuß, auch dann, wenn sie leicht vom Boden abspringen.
Dabei gehst du mit dem Fuß, mit dem du den Ball annehmen willst, dem Ball etwas entgegen. Kurz bevor der Ball dann den Fuß erreicht, nimmst du den Fuß zurück und stoppst den Ball.

Stoppen mit Spann und Sohle
Probiere dabei die verschiedenen Möglichkeiten des Stoppens aus:

- mit dem Innenspann
- mit dem Außenspann
- mit der Sohle
- oder auch mit dem Vollspann, wenn ein Ball angeflogen kommt

Stoppen mit dem Außenspann

Stoppen mit der Sohle

Stoppen mit dem Innenspann

Ballannahme mit der Brust

Die Ballannahme mit der Brust ist schon schwieriger. Dabei mußt du den Oberkörper leicht zurücklehnen. Die Oberarme ziehst du an den Körper heran. Jetzt fühlst du eine leichte Spannung im Oberkörper. Wenn der Ball kommt, läßt du ihn von der Brust abtropfen.

Übe die Ballannahme

So wie das Zuspiel, kannst du auch die Ballannahme allein an einer Wand üben. Dabei kannst du beide Techniken verbinden. Spiele den Ball gegen die Wand und stoppe ihn.

Hier kannst du ein Foto von dir bei der Ballannahme einkleben.

Wußtest du schon, …

… daß es in Thailand Elefantenfußball gibt? Dabei sitzen die Spieler auf Elefanten. Die Elefanten müssen den übergroßen Ball in ein Tor schießen. Ihn mit dem Rüssel zu tragen ist verboten.

Übe jetzt die unterschiedlichen Arten der Annahme. Achte darauf, daß du mit beiden Füßen trainierst. Das gilt allerdings für alle Übungen und nicht nur für die Ballannahme, denn es verbessert deine Koordination. Damit wirst du gedanklich und körperlich beweglicher.

Wenn ihr das beherrscht, solltet ihr das Dribbeln als weitere Technik mit hinzunehmen. Einer spielt dabei den Ball zu, der zweite Spieler nimmt ihn an und dribbelt eine Strecke damit.
Dann wird der Ball wieder abgespielt. Der Partner nimmt ihn an und läuft nun auch eine Strecke mit dem Ball.

Übe die Ballannahme mit der Brust
Laß dir hierzu von einem Partner den Ball immer wieder hoch zuwerfen, dann stoppst du ihn mit der Brust. Wenn er wieder auf dem Boden liegt, spielst du ihn deinem Partner mit dem Fuß zurück. Vergeßt nicht zu wechseln.
Übe auch so: Wenn der Ball von der Brust auf den Boden springt, spielst du den wieder hochspringenden Ball deinem Partner genau zu.

Ballannahme mit einem oder mehreren Partnern
Stellt euch zu zweit gegenüber. Der eine spielt den Ball zu, der andere stoppt ihn auf die unterschiedlichste Weise. Danach wechselt ihr sofort. Ihr könnt auch zu dritt im Dreieck spielen oder zu viert im Viereck.

Das Kopfballspiel

Das Kopfballspiel ist ein sehr heikles Thema. Einerseits ist es toll anzusehen, wenn Kopfballtore erzielt werden oder der Ball aus der Abwehr herausgeköpft wird. Andererseits ist es aber auch sehr gefährlich. In Situationen, in denen die Spieler den Ball mit dem Kopf spielen wollen, entstehen viele Gehirnerschütterungen und Platzwunden, weil sie mit den Köpfen anderer Spieler zusammenprallen.
Für Kinder kann es sogar gefährlich sein, das Kopfballspiel mit dem harten Fußball nur zu trainieren. Das hängt damit zusammen, daß deine Muskulatur, besonders im Nackenbereich, noch nicht voll ausgebildet ist. Deshalb kann es hier zu Verletzungen kommen, die du heute vielleicht noch nicht spürst, die dir aber später einmal Probleme bereiten können.
Wenn du also überhaupt den Kopfball trainieren willst, dann nur mit weichen Bällen wie etwa Softbällen, allerhöchstens noch Volleybällen, aber nie mit einem hart aufgepumpten Lederfußball.
Denke im Spiel an deine Gesundheit und vermeide das Kopfballspiel. Wenn du älter bist und deine Knochen und Muskeln stärker sind, hast du noch viele Gelegenheiten mit gutem Kopfballspiel zu glänzen.

Karl-Heinz Riedle beim Kopfball

Jonglieren mit dem Ball

Den Ball in der Luft zu halten und zwischendurch immer wieder mit einem Körperteil in die Luft zu stoßen, bezeichnet man als Jonglieren. Natürlich darfst du auch hierbei die Hände nicht benutzen.

Das Jonglieren des Balles gehört auf jeden Fall mit zur Vorbereitung, bevor du in ein Spiel gehst. Besonders am Anfang haben viele Schwierigkeiten, den Ball senkrecht hochzuspielen, um ihn dann mit allen Körperteilen zu jonglieren. Dann kannst du den Ball mit den Händen hochwerfen.

Übe das Jonglieren immer wieder, damit du Ballsicherheit gewinnst und den Ball besser beherrschst. Außerdem kannst du auf diese Weise deine Geschicklichkeit und dein Reaktionsvermögen verbessern. Auch das sind Eigenschaften, die ein guter Fußballspieler besitzen muß.

Es gibt Fußballer, die stundenlang mit einem Ball jonglieren können. Ein besonders großer Ballkünstler war der Argentinier Diego Maradona, der 1986 Weltmeister wurde. Argentinien gewann damals das Endspiel gegen Deutschland mit 3:2.

Einem anderen Spieler, nämlich dem Bundestrainer Berti Vogts, sagt man nach, daß er im Jonglieren des Balles als Spieler gar nicht so gut gewesen sei. Einige Leute behaupten sogar, er konnte den Ball keine dreimal in der Luft halten. Auch wenn Berti Vogts kein guter Techniker war, so war er doch ein großartiger Verteidiger, 96mal Nationalspieler und 1972 schließlich auch Weltmeister.

Du mußt ja nicht gleich so gut sein wie Jasek Roszkowski, der im Guinness Buch der Rekorde steht. Er hat einmal 173 Kopfbälle geschafft.

Der Einwurf

Wenn der Ball die Seitenlinie überquert, gibt es einen Einwurf. Der Einwurf kann ein Mittel sein, um ein Tor vorzubereiten, etwa wenn es einen Einwurf in Tornähe für die angreifende Mannschaft gibt. Spieler, die sehr weit werfen können, versuchen dann, den Ball bis zum Elfmeterpunkt zu werfen, damit ein Mitspieler ihn auf das Tor köpfen oder schießen kann.

So wird der Einwurf ausgeführt:

Der einwerfende Spieler steht hinter der Seitenlinie, die er auf keinen Fall übertreten darf.

Der Ball wird mit beiden Händen hinter den Kopf geführt und muß mit beiden Händen geworfen werden.

Beide Füße müssen beim Wurf auf dem Boden stehen. Der ganze Körper ist beim Wurf gestreckt.

Der einwerfende Spieler darf den Ball nicht vor sich hinfallen lassen und ihn dann mit dem Fuß weiterspielen.

Erst nachdem der Ball die Hände verlassen hat, darf der Spieler wieder auf das Feld zurück.

richtiger Einwurf

Wird der Einwurf nicht korrekt ausgeführt, erhält die gegnerische Mannschaft den Ball und darf einwerfen.
Aus einem Einwurf heraus kann direkt kein Tor erzielt werden. Rollt der Ball nach einem Einwurf ins Tor, gibt es Abstoß. Es sei denn, daß ein anderer Spieler den Ball berührt. Das kann auch ein Gegenspieler sein. Das ist vor einigen Jahren dem Torwart von Bayern München, Jean-Marie Pfaff, in Bremen passiert: Uwe Reinders vom SV Werder Bremen warf den Ball in Strafraumnähe ein. Der Bayerntorwart wollte den Ball mit den Händen aufnehmen. Dabei berührte er ihn leicht, der Ball rollte ins Tor, und Werder Bremen gewann das Spiel.

Einwürfe üben

Wenn du den Einwurf ein paarmal trainierst, wirst du ihn ganz schnell beherrschen.
Stell dich vor eine Wand und such dir dort einen Punkt, den du mit deinem Wurf treffen willst. Dieser Punkt sollte möglichst hoch, aber nicht zu hoch liegen, damit du keinen falschen Einwurf ausführst.
Wenn du den Punkt sicher genug triffst, gehst du einen Schritt zurück und wirfst von dort aus ein, dann gehst du wieder einen Schritt zurück usw.
Du kannst auch mit einem Partner üben. Dabei stellt ihr euch gegenüber. Die Entfernung wählt ihr passend zu eurer Einwurfweite aus. Jetzt wirft der eine Spieler dem anderen mit einem richtigen Einwurf den Ball zu, der andere versucht ihn zu fangen.
Ihr könnt sogar eine richtige Spielsituation einüben. Dabei übernimmt einer von euch beiden die Rolle des Einwerfers, der andere versucht den Ball anzunehmen. Es kommt beim Einwurf nämlich nicht nur darauf an, daß der Ball richtig eingeworfen wird, sondern er muß auch genau auf einen Mitspieler geworfen werden, damit dein Team im Ballbesitz bleibt.

falscher Einwurf

Technikturnier

Für dieses Turnier brauchen du und deine Freunde nur einen Fußball und ein paar Dosen, die ihr im Keller oder auf dem Boden findet.
Schon kann euer Turnier losgehen. Wenn ihr die Übungen nacheinander durchspielt, ist es nicht entscheidend, wer von euch der Beste ist. Wichtiger ist, daß sich jeder von euch beim nächsten Mal verbessert.

1. *Einwurf*
Zeichne eine Linie und führe von dort einen Einwurf aus. Denke beim Werfen daran, daß du nicht hochspringen darfst.

Der Ball muß mit beiden Händen gleichzeitig über den Kopf geworfen werden. Dort, wo der Ball dann landet, stellst du eine Dose hin. Miß mit Schritten nach, wie weit du gekommen bist.

.... Schritte

2. *Dosendribbeln*
Stelle zehn Dosen in einer Linie hintereinander auf. Der Abstand zwischen den Dosen beträgt drei Schritte. Nun mußt du mit dem Ball im Slalom um die Dosen herumdribbeln, bis du am Ende angelangt bist. Wieviel Zeit brauchst du dafür?

.... Sekunden

3. *Gegen eine Wand schießen*
Stell dich zehn Schritte vor eine Hauswand. Dort malst du mit Kreide oder einem Malstein eine Linie. Schieße den Ball nun gegen die Wand. Wenn er zurückrollt, darfst du ihn nicht stoppen, sondern mußt gleich wieder gegen die Wand schießen. Wie oft kannst du den Ball schießen, bevor er hinter die Linie rollt?

.... Mal

4. *Hoch-Weit-Schuß*
Wirf den Ball mit beiden Händen hoch und schieß ihn mit deinem starken Fuß, so weit du kannst. Miß die Weite mit Schritten nach, wenn der Ball liegt.

............Schritte

5. *Torschuß*
Bau dir aus zwei Dosen ein Tor. Geh nun 15 Schritte zurück. Von dort versuchst du, deinen Ball ins Tor zu schießen. Du hast insgesamt zehn Versuche. Wie oft triffst du?

...............Treffer

Ihr könnt alle Übungen auch immer mit einem Partner durchführen. Dabei werden dann die Erfolge von beiden zusammengezählt.

Spielideen für wenige Spieler

Nicht immer hast du das Glück, mit vielen anderen spielen zu können. Manchmal seid ihr auch nur zu zweit oder zu dritt. Trotzdem könnt ihr spannende Spiele durchführen, wenn ihr die Regeln ein wenig abändert. Hier findest du ein paar Vorschläge.

Von Tor zu Tor

Dies ist ein Spiel für zwei Fußballer. Baut euch zwei Tore auf. Die Größe und den Abstand der Tore voneinander wählt ihr selbst. Zieht eine Mittellinie, die vom Partner nicht übertreten werden darf. Jetzt geht jeder in sein Tor. Der erste schießt den Ball auf das Tor des Partners. Der versucht den Ball zu halten und darf dann selbst auf das andere Tor schießen. Der Torwart darf den Ball auch abprallen lassen und ihn dann von der Stelle aus schießen, wo er liegenbleibt. Aber Achtung: Wenn der Ball die Mittellinie überschreitet, ist dein Partner wieder an der Reihe.

Elferkönig

An diesem Spiel können auch mehr als zwei Spieler teilnehmen. Ihr benötigt ein Tor und einen Punkt, der elf Schritte vom Tor entfernt ist. Von dort aus wird der Ball auf das Tor geschossen. Zunächst lost ihr, wer als erstes ins Tor geht. Dieser Spieler bekommt elf Punkte, alle anderen zehn. Dann beginnt der nächste Spieler auf das Tor zu schießen. Trifft er, wird dem Torwart ein Punkt abgezogen, und er muß im

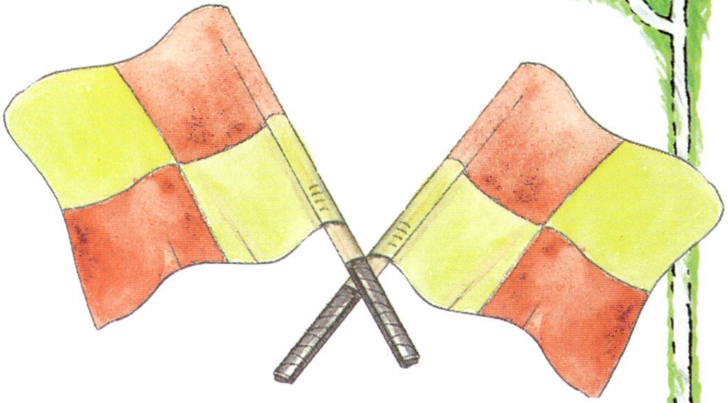

verteidigt und darf daher keine Tore schießen, die andere greift an und versucht möglichst viele Tore zu erzielen. Wenn die Angreifer dreimal neben das Tor geschossen haben oder der Torwart den Ball gehalten hat, werden die Verteidiger zu Angreifern und dürfen nun Tore machen.

Drei Ecken, ein Elfer

Dieses Spiel kennen bestimmt auch deine Eltern und Großeltern. Gespielt wird auf ein oder zwei Tore nach den Fußballregeln. Nur gibt es jetzt keine Eckstöße, sondern immer dann einen Elfmeter, wenn die angreifende Mannschaft drei Ecken erreicht hat. Jede Mannschaft braucht einen Torwart und mindestens einen Feldspieler.

Tor bleiben. Dann schießt der nächste Spieler. Der Torwart wird erst gewechselt, wenn ein Spieler nicht trifft; der Spieler muß dann in das Tor. Gewonnen hat derjenige, der zum Schluß als einziger noch Punkte besitzt.

Drei innen, drei außen

Dieses Spiel wird auf ein Tor gespielt. Einer ist Torwart und bleibt die ganze Zeit über im Tor. Die anderen bilden zwei Mannschaften. Eine Mannschaft

Hier kannst du noch ein paar eigene Spielideen für wenige Spieler eintragen.

Die Spielregeln

Ohne Spielregeln kann kein Spiel funktionieren. Sonst würde jeder auf dem Feld machen, was er will. Es gäbe wahrscheinlich ständig Streit, und die Spieler würden gar nicht dazu kommen, den Ball auch einmal zu treten.

Die Mannschaft

In einem Spiel besteht jede der beiden Mannschaften aus bis zu elf Spielern, von denen einer der Torwart ist.
Einige Spieler – in den offiziellen Turnieren bis zu drei – dürfen im Lauf des Spieles durch Auswechselspieler ersetzt werden.

Spieldauer

Wie lange ein Spiel dauert, hängt vom Alter der Spieler ab. Die Höchstspieldauer ohne Verlängerung beträgt zweimal 45 Minuten.

Der Einwurf

Überschreitet der Ball die Außenlinie, gibt es einen Einwurf.
Aus einem Einwurf heraus kann direkt kein Tor erzielt werden, es sei denn, daß ein Spieler den Ball berührt. Das kann auch ein Gegenspieler sein, dann ist es zwar ein Eigentor, aber das zählt auch. Rollt der Ball ohne Berührung eines Spielers nach einem Einwurf ins Tor, gibt es Abstoß.
Inzwischen denkt man über eine Regeländerung nach. Der Ball soll dann nicht mehr eingeworfen, sondern mit dem Fuß eingestoßen werden. Aus dem Einwurf würde dann ein Einstoß. Ob sich diese Regel aber tatsächlich ändern wird, ist noch unklar.

Auswechselbank der deutschen Nationalmannschaft mit Trainer Berti Vogts

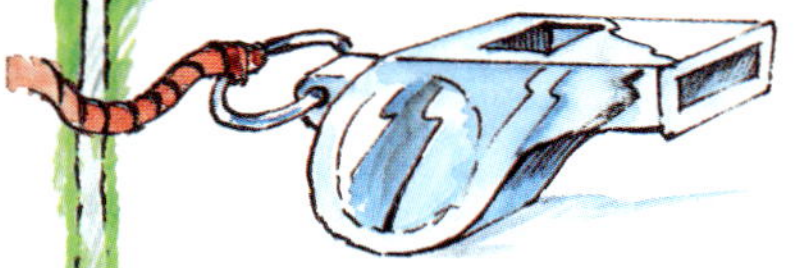

Der Freistoß

Einen Freistoß gibt es immer, wenn eine Regelwidrigkeit erfolgt ist. Den Freistoß bekommt die Mannschaft, die die Regelwidrigkeit nicht begangen hat. Verstöße gegen die Regeln sind:

- das *Foulspiel*, also wenn ein Spieler einen anderen zu Fall bringt oder am Weiterlaufen hindert, ohne den Ball zu spielen (zum Beispiel durch Schubsen, Stoßen, Anspringen, Schlagen, Festhalten, Bein stellen, Treten und ähnliches)
- das *Sperren*; dabei hindert man den Gegenspieler am Vorbeikommen, ohne daß man dabei den Ball spielt
- das *Handspiel*.

Diese Regelverstöße werden entweder mit einem *direkten* oder *indirekten* Freistoß geahndet. Beim direkten Freistoß darf der Ball ohne Berührung eines weiteren Spielers auf das Tor geschossen werden. Bei einem indirekten Freistoß muß mindestens ein zweiter Spieler (egal von welcher Mannschaft) den Ball berühren.

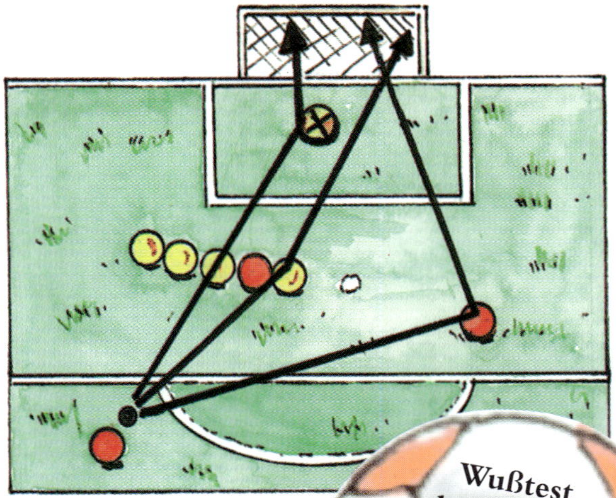

indirekter Freistoß

Wußtest du schon, ...

... daß ausgerechnet der TSV 1860 München das erste Tor gegen den FC Bayern München in der Bundesliga erzielte? Das Ereignis fand in der Saison 1965/66 statt.

Den indirekten Freistoß erkennst du daran, daß der Schiedsrichter einen Arm solange nach oben hält, bis ein zweiter Spieler den Ball berührt hat.

Abseits

Dies ist wohl die Regel, die am schwersten zu erklären ist. Selbst Fußballprofis haben sich schon schwer getan, wenn sie in einer Sportsendung die Abseitsregel erklären mußten. Deshalb solltest du dir auf jeden Fall auch die Zeichnung dazu anschauen.

Allgemein kann gesagt werden, daß sich ein Spieler im Abseits befindet, wenn er bei der Ballabgabe näher an

Abseitssituation

der Torlinie ist als der Ball, wenn er sich in der gegnerischen Hälfte befindet und wenn er höchstens noch einen gegnerischen Spieler vor sich hat. Wenn der Schiedsrichter auf Abseits erkennt, erhält die abwehrende Mannschaft einen indirekten Freistoß.
Bei Einwurf oder Eckball ist die Abseitsregel aufgehoben.

Die Rückpaßregel

Der Torwart darf den Ball nicht in die Hand nehmen, wenn ein Mitspieler ihm den Ball absichtlich mit dem Fuß zuspielt. Dafür erhält die gegnerische Mannschaft einen indirekten Freistoß. Für den Torwart gelten auch noch zwei weitere Regeln. Er darf mit dem Ball höchstens vier Schritte laufen und muß ihn dann abspielen, und er darf ihn nicht zu lange halten. Bei Verstößen gegen diese Regeln gibt es wieder einen indirekten Freistoß für den Gegner. Wenn sich der Torwart außerhalb des Strafraumes bewegt, gelten für ihn dieselben Regeln wie für einen Feldspieler, das heißt, er darf den Ball dort nicht in die Hand nehmen.

Gelbe und rote Karten

Die *gelbe Karte* hat die Bedeutung einer Verwarnung. Der Schiedsrichter zeigt sie einem Spieler, der ein absichtliches oder ein schweres Foul begangen hat. Du kannst die gelbe Karte aber auch gezeigt bekommen, wenn du den Ball absichtlich mit der Hand spielst oder wenn du, auch unabsichtlich, immer wieder gegen die Spielregeln verstößt.

Die *rote Karte* bedeutet Platzverweis. Ein Spieler, der die rote Karte gezeigt bekommt, darf nicht mehr mitspielen. Die rote Karte gibt es für besonders brutale Fouls. Aber auch wenn man den Schiedsrichter oder andere Spieler beleidigt, absichtlich tritt oder bespuckt, erhält man die rote Karte.

Schließlich gibt es noch die sogenannte *Ampelkarte*, das ist die gelb-rote Karte. Wenn ein Spieler im Spiel bereits die gelbe Karte gesehen hat und sich auch dann nicht an die Spielregeln hält, bedeutet die gelb-rote Karte ebenfalls einen Platzverweis.

Wenn du dich nachmittags oder in den Ferien mit deinen Freunden beim Fußball tummelst, werdet ihr bestimmt viele eigene Ideen haben. Bastelt euch die Regeln so zurecht, wie es euch am meisten Spaß macht. Wichtig ist nur, daß sich alle daran halten. Sonst gibt es bloß unnötigen Streit.

Wußtest du schon, ...

... daß erst seit 1969 die Auswechslung von Spielern erlaubt ist? Damals durften nur zwei Spieler ausgewechselt werden, heute sind es drei.

Der Schiedsrichter

Der Schiedsrichter hat die Aufgabe, das Spiel zu leiten. Du erkennst ihn daran, daß er schwarze oder grüne Kleidung trägt. Mit seinem Anpfiff beginnt das Match, mit seinem Abpfiff endet es.
Er entscheidet, ob ein Foul oder Handspiel begangen wurde oder ob der Ball im Aus war. Nur sein Pfiff bestimmt, wann ein Spieler im Abseits stand. Und Elfmeter gibt es auch nur dann, wenn der Schiedsrichter auf den Punkt zeigt.
Denke immer daran, daß der „Schiri“, wie der Schiedsrichter von Fußballern genannt wird, eine sehr schwere Aufgabe hat. Er kann nicht alles sehen, was 22 Spieler auf dem Rasen machen.
Viele Spieler haben sich zu Unrecht beim Schiri beschwert und dafür zu Recht die gelbe oder sogar die rote Karte bekommen.
Übrigens, der einzige Spieler, der mit dem Schiedsrichter während des Spiels verhandeln darf, ist der Mannschaftskapitän.
Damit es der Schiri nicht allzu schwer auf dem Feld hat, unterstützen ihn zwei *Linienrichter.* Ihre Aufgabe besteht insbesondere darin, darauf zu achten, ob ein Ball im Seiten- oder Toraus ist oder ob ein Spieler im Abseits steht.
Das können sie von der Seitenlinie, an der sie stehen, sogar besser sehen als der Schiedsrichter. Aber auch jeden anderen Regelverstoß, den sie erkennen, zeigen die Linienrichter durch Schwenken der Fahne an, die sie in der Hand halten.

Damit du einmal selbst siehst, wie schwer es ist, als Schiedsrichter ein Spiel zu leiten, solltest du dir eine Trillerpfeife besorgen. Übernimm dann im Training mit deinen Freunden die Rolle des Schiedsrichters.
Ihr könnt die Regel einführen: Wer mit der Leistung des Schiedsrichters nicht einverstanden ist, der muß die Pfeife nehmen und selbst einmal Schiedsrichter sein.

Das Aufwärmen

Vor dem Spiel solltest du dich immer aufwärmen. Das ist wichtig, weil du einerseits unnötige Verletzungen vermeiden kannst, andererseits aber auch gleich richtig bei der Sache bist. Das Aufwärmen bei dir dauert noch nicht so lange wie bei den Erwachsenen. Du merkst, daß du aufgewärmt bist, wenn dir der Schweiß aus den Poren tritt und du dich auch wärmer fühlst.

Die Mannschaft vom HSV beim Training

Spiele zum Aufwärmen

Zu Beginn des Aufwärmens wird meistens gelaufen. Das Laufen ist aber oft langweilig. Deshalb nimmst du dir gleich den Ball dazu. Wenn du einen Partner hast, solltet ihr euch den Ball beim Laufen zupassen.

Die Spieler von Borussia Dortmund wärmen sich auf

Auch beim Aufwärmen solltest du viel spielen. Entweder nimmst du dir den Ball und machst mit ihm einige Technikübungen. Anregungen hierfür findest du im Technikteil beim Dribbling, der Ballannahme und dem Zuspiel. Oder du spielst Spiele ohne den Ball mit deinen Mannschaftskameraden. Hier sind einige Beispiele:

Kriegen

Ein oder mehrere Spieler sind die Fänger. Wer von ihnen „getickt" wird, muß sich mit gegrätschten Beinen hinstellen. Er kann wieder befreit werden, indem ein anderer Spieler durch seine Beine krabbelt.

Das Spiel ist beendet, wenn alle bis auf die Fänger mit gegrätschtenBeinen auf dem Feld stehen.

Zehnerfang

Einen Fußball kann man auch für Werf- und Fangspiele benutzen. Wenn ihr viele Spieler seid, bildet zwei Mannschaften. Die eine Mannschaft wirft sich den Ball untereinander zu, die andere muß versuchen, ihn abzufangen.

Der Spieler, der im Ballbesitz ist, darf mit dem Ball nicht laufen.

Ihr könnt das Spiel auch nach Punkten spielen. Die Mannschaft, die es schafft, den Ball innerhalb des Teams zehnmal zuzuwerfen und zu fangen, ohne daß der Gegner den Ball abfängt, erhält einen Punkt.

Raufball

Besorgt euch zum Fußball noch zwei gleich große Kartons. Sie müssen so groß sein, daß der Ball ausreichend Platz darin hat. Die Kartons sind eure Tore, in die der Ball gelegt werden muß. Dafür gibt es immer einen Punkt. Wie beim Fußball wird immer auf das gegenüberliegende Tor gespielt. Auch hier gilt: Wer den Ball in den Händen

hält, darf nicht laufen.

Grobes Foulspiel ist verboten. Deshalb ist die wichtigste Regel: Tue niemandem weh!

Fangen

Einer ist der Fänger, der einen anderen abschlagen muß, der dann wiederum die Fängerrolle übernimmt.

Am besten spielt ihr das in einem kleinen Feld, damit möglichst viel Bewegung in das Geschehen hineinkommt. Ihr könnt auch andere Sportspiele wie Handball oder Basketball als Aufwärmspiele wählen.

Geht aber nicht gleich voll zur Sache, weil das Verletzungsrisiko anfangs noch recht groß ist.

Diese Art von Spielen hat den Vorteil, daß du nicht einseitig, also nur Fußball, trainierst.

Spielen auf allen Positionen

Wenn du in einer Mannschaft spielst, mußt du bei einem Spiel auf einer festen Position spielen. Das kann in der Abwehr, im Mittelfeld oder im Angriff sein. Es kann auch sein, daß du im Tor eingesetzt wirst. Damit du selbst entscheiden kannst, welche Position dir am meisten Spaß macht oder auf welcher du am besten bist, solltest du alle mehrmals ausprobieren. Tore verhindern kann nämlich ebenso schön sein wie Tore schießen.

Der Torwart

Die Aufgabe des Torwarts ist klar. Er ist derjenige, der den Ball meist als letzter vor der Torlinie abwehren kann. Durch geschickte Abwürfe und Abstöße kann er aber auch torgefährliche Angriffe einleiten.

Die Abwehr

In der Abwehr spielen zwei Verteidiger, Libero und Vorstopper. Die *Verteidiger* haben die Aufgabe, die Außenstürmer zu decken. Man bezeichnet sie manchmal auch als *Manndecker*. Wenn aber die eigene Mannschaft im Ballbesitz ist, müssen sie auch angreifen.

Der Vorstopper

Der Vorstopper kümmert sich um den gefährlichsten Angreifer und hat nur selten Gelegenheit, sich mit in den Angriff einzuschalten.

Der Libero

Der Libero ist der Boss in der Abwehr. Er hat keinen direkten Gegenspieler und greift immer dann ein, wenn es besonders brenzlig wird. Ein guter Libero muß auch in der Lage sein, durch genaues Paßspiel gefährliche Angriffe einzuleiten.

Die Viererabwehrkette

In einigen Mannschaften wird heute mit einer sogenannten Vierer-Abwehrkette gespielt. Dann gibt es keinen Libero und keinen Vorstopper, sondern vier Abwehrspieler, die nebeneinander auf einer Linie spielen.

Das Mittelfeld

Vor der Abwehr befindet sich das Mittelfeld. Es ist Verbindungsstation zwischen Abwehr und Angriff. Die *Mittelfeldspieler* sind ballgewandte Techniker.

Sie müsen ständig vorne und hinten sein, ein gutes Auge für die Mitspieler besitzen und zentimetergenau zupassen können. Meistens sind es Mittelfeldspieler, die die Freistöße und Eckbälle ausführen sowie aus größerer Entfernung auf das Tor schießen.

Die Außenstürmer

Die beiden Außenstürmer haben die Aufgabe, Tore zu schießen und den Mittelstürmer mit guten Flanken zu bedienen. Ein Stürmer muß aber auch in der Abwehr aushelfen, wenn der Verteidiger, gegen den er spielt, sich mit in den Angriff einschaltet.

Der Mittelstürmer

Der Mittelstürmer schließlich hat als wichtigste Aufgabe das Toreschießen. Deshalb muß er auch alles tun, um im gegnerischen Strafraum an den Ball zu kommen. Selbst aus dem Gewühl heraus muß er versuchen, den Ball zu erreichen und aufs Tor zu schießen.
Es sind meistens die Mittelstürmer, die in den sogenannten Torjägerlisten auftauchen. Das heißt aber nicht, daß sie 90 Minuten lang nur darauf warten, zum Torschuß zu kommen. Mittelstürmer müssen zeigen, daß sie mehr können, etwa geschickt abspielen und auf diese Weise Tore vorbereiten.

Stell dir vor, du wärest Bundestrainer und könntest aus allen Spielern von heute und früher deine Traummannschaft zusammenstellen.

Meine persönliche Traummannschaft

Torwart: ....

Vorstopper: ....

Verteidiger: ....

Verteidiger: ....

Libero: ....

Mittelfeld: ....

Mittelfeld: ....

Mittelfeld: ....

Linker Außenstürmer: ....

Rechter Außenstürmer: ....

Mittelstürmer: ....

Meine Lieblingsposition

....

....

Wußtest du schon, ...

... daß die erfolgreichsten Spieler in der Bundesliga oft aus dem Ausland kommen? Einige der dribbelstärksten und torgefährlichsten kommen zum Beispiel aus Afrika.

Spielsysteme

Das Fußballspiel hat sich im Laufe der Jahre verändert. Das Spiel ist schneller geworden. Die Spieler bleiben nicht mehr starr auf ihren Positionen. Ein Verteidiger spielt nicht nur in der Abwehr, sondern schießt auch Tore. Und es kommt immer öfter vor, daß auch ein Mittelstürmer in brenzligen Situationen auf der eigenen Torlinie klärt. Trotzdem sollte jeder Spieler seine Aufgaben zu Spielbeginn kennen.
So sieht eine Mannschaftsausstellung oft zu Beginn eines Spieles aus:
Die bekanntesten Spielsysteme sind das 4-3-4-System und das 4-4-3-System. Sie bedeuten nichts anderes, als daß bei dem einen System mit vier Verteidigern, drei Mittelfeldspielern und vier

Rechts: Helmut Schön, der erfolgreichste Trainer einer Nationalmannschaft: Europameister 1972, Weltmeister 1974
Links: Erich Ribbeck, der Assistent des Nationaltrainers

Aleksander Ristic, der lustigste Trainer der Bundesliga. Er verteilt gerne Bonbons an die Linienrichter

Stürmern gespielt wird. Bei dem anderen sind es vier Verteidiger und vier Mittelfeldspieler sowie drei Stürmer.
Solche Systeme sind aber inzwischen veraltet. Heute wird eher aus einer verstärkten Abwehr mit einer Viererkette, also mit vier Verteidigern auf einer Linie, gespielt.
Der Trainer Otto Rehhagel hat bei Werder Bremen einmal den Begriff „kontrollierte Offensive" geprägt. Damit meinte er, daß seine Mannschaft nicht bedingungslos stürmen soll, sondern erst einmal die Abwehr sichert.

Otto Rehhagel, seit Jahren erfolgreicher Trainer in der Bundesliga

Technik und Taktik

Diese beiden Begriffe wirst du in fast allen Sportarten finden.
Wer ein guter Fußballspieler werden will, der muß beides beherrschen.
Unter Technik versteht man, daß ein Spieler gut mit dem Ball umgehen kann. Im Fußball bedeutet das, daß er den Ball aus jeder Situation gut zuspielen kann, und zwar mit dem Innen-, Außen- und Vollspann.
Er muß den Ball mit allen Körperteilen, außer den Armen und Händen, stoppen können egal, ob er hoch oder flach angeflogen kommt. Spieler, die das beherrschen, besitzen ein gutes Ballgefühl.

Schüsse aus allen Lagen
Schließlich ist ein guter Balltechniker auch in der Lage, einen rollenden oder fliegenden Ball direkt zu nehmen. Dabei stoppt er ihn nicht, sondern schießt sofort auf das Tor. Das ist besonders schwer und erfordert ein gutes Zusammenspiel zwischen Auge und Fuß.
Die Technik trainieren auch gute Spieler immer wieder.

Otto Rehagel bespricht die Taktik von Bayern München mit Thomas Strunz, Mehmet Scholl und Christian Ziege

Der Trainer bestimmt die Taktik
Für die Taktik einer Mannschaft ist in erster Linie der Trainer zuständig. Die Taktik beginnt damit, wie er eine Mannschaft aufstellt. Tritt die Mannschaft gegen einen starken Gegner an, muß sie vor allem Tore verhindern. Dann verstärkt er die Abwehr, die Mannschaft spielt also zunächst *defensiv*. Bei einem schwächeren Gegner will man schnell ein Tor schießen. Darum werden gute Stürmer zu Spielbeginn eingesetzt. die Mannschaft ist dann *offensiv* eingestellt.

Taktisches Auswechseln
Zur Taktik gehört auch das Auswechseln. Oft werden Spieler ausgewechselt, weil sie sich im Spiel verausgabt haben oder verletzt sind. Es gibt aber auch taktische Auswechslungen, etwa wenn ein Verteidiger immer wieder von seinem Gegenspieler ausgetrickst wird. Dann bringt der Trainer einen anderen Verteidiger ins Spiel, der vielleicht besser gegen den Angreifer spielt.
Für dich bedeutet Taktik, daß du die Aufgaben umsetzt, die dir der Trainer zuweist.

Fußball ist ein Mannschaftssport
Einer allein kann im Fußball nichts ausrichten. Zu einem guten Team gehören mindestens elf Spieler und die Auswechselspieler, die sich gegenseitig während eines Spiels unterstützen.
Die Stars in der Bundesliga sind meistens die Spieler, die mit dem Ball mehrere Gegner ausspielen und allein auf das Tor zulaufen. Wenn sie den Ball aber verlieren und nicht schnell genug wieder in der Abwehr sind, brauchen auch sie die sogenannten „Wasserträger".
Das sind die Spieler, die nicht unbedingt im Rampenlicht stehen, die aber viel um den Ball kämpfen und ihn sofort weiterspielen, eben in der Regel an die „Größen" ihrer Mannschaft.
Im heutigen Fußball müssen alle Spieler in der Lage sein, den Ball abzuspielen, weil der Gegner fast alle Tricks der guten Spieler auch kennt. Die meisten Spiele werden von den Mannschaften gewonnen, die den Ball am längsten in den eigenen Reihen halten. Das heißt, daß die Spieler dieser Mannschaften den Ball untereinander sehr lange zuspielen können, ohne daß der Gegner ihn berührt.
Denn eine Mannschaft, die dem Ball immer hinterherlaufen muß, kann auch keine Tore schießen.

Das Zusammenspiel mit Freunden üben
Ideal wäre es, wenn ihr zu viert spielt. Dann spielen immer drei zusammen gegen einen. Der einzelne geht in die Mitte, die anderen verteilen sich um ihn. Einer hat den Ball und spielt ihn einem Mitspieler zu.
Der Spieler in der Mitte muß versuchen, den Ball zu berühren. Wenn es ihm gelingt, muß der Spieler in die Mitte, der vor ihm den Ball gespielt hat. Der Spieler, der vorher in der Mitte war, spielt jetzt mit den anderen beiden zusammen.
Wenn ihr diese Art des Zusammenspiels beherrscht, könnt ihr die Übung auch erschweren. Der Spieler in der Mitte muß den Ball richtig erkämpfen und nicht nur berühren, erst dann wird gewechselt.

Die brasilianische Nationalmannschaft betrat das Feld bei der Weltmeisterschaft 1994 in den USA immer Hand in Hand. Damit wollten sie ausdrücken, daß sie sich als eng verbundene Mannschaft fühlten. Mit Erfolg: Sie wurden Weltmeister

Fairplay
Weißt du, was „Fairplay“ heißt? Es kommt aus dem Englischen und bedeutet, sich anständig gegenüber seinem Gegner zu verhalten. In erster Linie heißt das, sich an die Spielregeln zu halten.

Wenn man sich ein Fußballspiel der Großen anschaut, hat man nicht immer das Gefühl, daß sie sich fair verhalten. Bei manchen Turnieren gibt es für die Mannschaft, die am wenigsten gelbe und rote Karten erhalten hat, einen Fairneßpokal.
Nimm dir solche Spieler zum Vorbild, die andere nicht foulen.
Fairneß kannst du üben:

- Wenn der Gegner einen Einwurf zugesprochen bekommt, und du stehst am nächsten zum Ball, der im Seitenaus liegt, holst du ihn und gibst ihn deinem Gegenspieler.
- Wenn der Gegner einen Freistoß erhält, läßt du den Ball einfach liegen.
- Versuche immer, den Ball beim Spielen zu treffen, nie den Gegenspieler mit Absicht.
- Wenn ein Gegenspieler dich beschimpft, laß dich nicht provozieren. Reagiere einfach nicht.
- Solltest du einmal versehentlich gefoult werden, versuche, nicht wütend zu werden. Nimm auf jeden Fall die Entschuldigung deines Gegenspielers an. Wenn du selbst einmal unabsichtlich einen Gegner foulst, entschuldige dich sofort.
- Akzeptiere die Entscheidungen des Schiedsrichters.

Wenn du dich an das Fairplay hältst, das besonders die Engländer hervorragend beherrschen, wirst du von deinen Gegenspielern mit Sicherheit auch geachtet werden.
Bedenke:
Der Spaß am Spiel ist immer wichtiger als ein unfair errungener Sieg.

Zehn Tips und Tricks, die du dir merken solltest

1. Laufe dem Ball immer entgegen. Warte nicht ab, bis er dich nach einem Zuspiel erreicht. Der Gegner hat sonst größere Chancen, durch Heranlaufen an den Ball zu kommen.

2. Wenn du mit dem Ball läufst und ein Gegenspieler dich angreift, muß du darauf achten, daß du deinen Körper zwischen Ball und Gegenspieler bekommst. Das macht es einfacher für dich, den Ball zu halten, und der Gegner kommt nicht so leicht an ihn heran.

3. Gib nie einen Ball verloren. Wenn dir der Gegner den Ball abnimmt, solltest du versuchen, ihn wieder zurückzuholen. Laufe hinter deinem Gegenspieler her und erkämpfe den Ball zurück. Das nennt man in der Fußballfachsprache „nachsetzen".

4. Wenn einer deiner Mitspieler den Ball führt, solltest du anspielbereit sein, wenn du in der Nähe bist. Mache dich durch Rufen oder Handheben bemerkbar.

5. Wenn du den Ball führst, schaue immer nach Mitspielern, die freistehen und denen du den Ball zuspielen kannst. Spiele mannschaftsdienlich.

6. Wenn du die Möglichkeit hast, auf das Tor zu schießen, solltest du darauf achten, daß du den Ball in die Ecken schießt. Noch besser ist es, wenn du den Ball hoch in den Winkel spielst, weil die Torhüter deiner Altersklasse selbst noch recht klein für das Tor sind.

7. Halte deine Postion. Wenn du Verteidiger spielst, mußt du immer wieder zurückkommen, falls der Gegner in Ballbesitz kommt. Als Stürmer mußt du sofort nach vorne, wenn deine Mannschaft im Ballbesitz ist.
Deine Mannschaftskameraden verlassen sich nämlich auf dich und müssen dich auf deiner Position anspielen können.

8. Kämpfe für deine Mitspieler mit. Wenn einer von ihnen einmal einen Ball verliert, mußt du dich bemühen, den Ball zurückzuholen.

9. Schimpfe nie mit Mannschaftskameraden, wenn sie einen Fehler machen. Und wenn ihr ein Spiel nicht mehr gewinnen könnt, weil der Gegner kurz vor Spielende sehr hoch führt, solltet ihr faire Verlierer sein und das Spiel gut über die Runden bringen.

10. Sei nicht überheblich gegenüber einer anderen Mannschaft. Wenn ihr ein Spiel gewinnt, mache dich nicht über den Gegner lustig. Denke immer daran, daß deine Mannschaft schon das nächste Spiel selbst verlieren könnte. Dann fühlst du dich sicher auch nicht sehr wohl, wenn der Gegner sich über euch lustig macht.

Verletzungen

Wer Fußball spielt, der muß leider auch damit rechnen, daß er sich verletzen kann. Glücklicherweise kommen in deinem Alter die ganz schlimmen Verletzungen wie Bänder- oder Achillessehnenrisse so gut wie gar nicht vor. Trotzdem mußt du damit rechnen, daß du dir Schürf- oder gar Schnittwunden zufügen kannst. Das kannst du vermeiden, indem du dir für das Spielen eine geeignete Spielfläche aussuchst. Auf der Straße mußt du am ehesten mit Hautabschürfungen rechnen, was auf dem Rasen seltener vorkommt. Langes Spielen auf Asphaltflächen führt auch dazu, daß du deine Fußgelenke zu stark belastest.
Achte darauf, daß sich auf dem Spielfeld keine spitzen Steine, Glasscherben oder andere Dinge befinden, an denen man sich beim Hinfallen verletzen könnte.
Spiele nicht auf ungemähten Rasenflächen, weil du dann in Löcher treten könntest, die du nicht siehst.
Wichtig ist auf jeden Fall, daß du dich vor einem Spiel aufwärmst, um unnötige Verletzungen wie Zerrungen zu vermeiden (siehe auch das Kapitel „Aufwärmen“, S. 34).

Die Ausrüstung

Zum Training im Verein solltest du folgende Sachen immer mitnehmen:

1. einen Trainingsanzug, damit dir nicht kalt wird, wenn du nicht spielst
2. eine kurze Sporthose, die weit genug ist, damit du ausreichend Bewegungsfreiheit hast
3. ein Trikot, das bei warmem Wetter kurze und bei kaltem lange Ärmel hat, am besten aus Baumwolle, da der Stoff den Schweiß besonders gut aufsaugt
4. Baumwollsocken
5. Schienbeinschützer sind für das Spiel vorgeschrieben und schützen vor Verletzungen am Schienbein
6. Fußballschuhe mit Noppen oder Schraubstollen
7. Handtuch, Seife und Shampoo, um dich nach dem Training zu duschen
8. Ein Getränk, am besten Mineralwasser, denn das Spielen macht durstig

Nichts vergessen? ✓

- ○ Trainingsanzug
- ○ kurze Sporthose
- ○ Trikot
- ○ Baumwollsocken
- ○ Schienbeinschützer
- ○ Fußballschuhe
- ○ Handtuch
- ○ Seife
- ○ Shampoo
- ○ ein Getränk

Bevor du zum Training fährst, vergewissere dich, ob du alle Sachen eingepackt hast.
Eine gute Fußballausrüstung kostet insgesamt zwischen 300 und 400 DM. Das ist zwar viel Geld, aber Fußball ist im-

mer noch preisgünstiger als andere Sportarten wie zum Beispiel Tennis. Hinzu kommt, daß die Kleidung, die du dir anschaffst, auch ziemlich lange hält. Das hängt natürlich immer von der Qualität der Sachen ab, die du dir kaufst oder wünschst. Und auch davon, wie schnell du wächst.
Wenn dir zu Beginn deiner Karriere ein gutes Trikot noch zu teuer ist, genügt auch ein einfaches T-Shirt. Vielleicht kannst du dir ja zu Weihnachten oder zum Geburtstag das eine oder andere Teil schenken lassen.

Das richtige Schuhwerk

Das wichtigste „Handwerkszeug“ des Fußballers sind seine Schuhe. Und so richtige Fußballschuhe mit Schraubstollen machen schon etwas her. Sie haben sicher auch ihren Sinn, wenn es um das Spiel auf dem Rasen geht. Bedenke aber, daß das Spielen mit Stollen deine Fuß- und Kniegelenke sehr belasten kann.
Wichtiger als Stollen sind Sportschuhe mit einem Achillessehnenschutz und guter Fersendämpfung. Dies bieten in erster Linie Schuhe mit einer sogenannten Torsionsohle (sprich: Torschensohle). Die erhältst du im Sportfachgeschäft oder in Kaufhäusern mit einer guten Sportartikelabteilung.
Solltest du dich aber doch für einen Lederschuh mit Stollen entscheiden, dann denke daran, daß dieser gut gepflegt werden muß. Nach jedem Training und jedem Spiel mußt du ihn säubern und mit spezieller Schuhcreme einfetten.

Berühmte Fußballspieler

Wenn man alle großen Fußballspieler aufzählen wollte, müßte man dafür ein eigenes Buch schreiben. Deshalb sollen auf dieser Seite auch nur diejenigen vorgestellt werden, die wirkliche Ausnahmespieler waren.

Der größte von allen war sicher ***Pelé***, geboren am 23.10.1940. Eigentlich heißt er Edson Arantes do Nascimento und kommt aus Brasilien, wo Fußball nicht nur ein Sport, sondern eine Kunst ist. Deshalb geben sich die Spieler dort gern Künstlernamen, wie auch Pelé. Pelé hat von 1958 bis 1970 an vier Weltmeisterschaften teilgenommen, wurde dreimal Weltmeister und schoß in 950 Spielen über 1200 Tore für seinen Verein.

Johan Cruyff, geboren am 25.4.1947, war ein genialer Stürmer der holländischen Nationalmannschaft, die 1974 bis ins Endspiel der Fußballweltmeisterschaft kam und erst dort von Deutschland mit 2:1 besiegt wurde. Cruyff war 1971, 1973 und 1974 Europas Fußballer des Jahres. Mit Ajax Amsterdam gelang ihm zwischen 1971 und 1973 dreimal der Gewinn des Europapokals der Landesmeister.

Eusebio, geboren am 25.1.1942, war zwischen 1961 und 1973 Stümer der portugiesischen Nationalmannschaft. Er wurde 1965 Europas Fußballer des Jahres. 1961 und 1962 glänzte er mit Benfica Lissabon als Europapokalsieger der Landesmeister. Insgesamt spielte der aus Mosambique stammende Eusebio 58mal für Portugal.

Franz Beckenbauer, geboren am 11.9.1945, wurde 1974 Weltmeister, 1972 Europameister. Insgesamt spielte er 103mal für Deutschland. Mit dem FC Bayern München erreichte er fünf Deutsche Meisterschaften und wurde dreimal Europapokalsieger der Landesmeister. Er erhielt zweimal den Titel „Europas Fußballer des Jahres“. Den Spitznamen „Kaiser Franz“ trägt er wegen seines übersichtlichen Spiels. 1990 führte Beckenbauer die Nationalmannschaft als Teamchef zum Weltmeistertitel in Italien.

Mein Lieblingsspieler

Hier kannst du Fotos oder Zeitungsberichte von deinem Lieblingsspieler einkleben.
Vielleicht triffst du ihn sogar einmal, dann schreibt er dir möglicherweise sein Autogramm auf diese Seite.

Name:

....

Alter:

....

derzeitiger Verein:

....

frühere Vereine:

....

....

....

Position:

....

Einsätze in der Nationalmannschaft:

....

....

seine größten Erfolge:

....

....

....

....

Geschichte des Fußballs

Wann hat man eigentlich zum ersten Mal Fußball gespielt? Diese Frage ist schwer zu beantworten. Das Spiel mit einem Ball und dem Fuß gibt es schon lange, die Fußballregeln, wie wir sie kennen, sind aber nur etwas mehr als 100 Jahre alt. Sie haben sich im Lauf dieser Zeit auch noch leicht verändert.
Bereits vor ungefähr 3000 Jahren gab es in China ein Spiel mit dem Namen Tsu Tschü, das als ein Vorläufer für ein Spiel im Mittelalter gilt.
Im 12. Jahrhundert nahmen sich nämlich Handwerker und Bauern vor allem in Frankreich einen mit Heu ausgestopften Lederball und versuchten, diesen durch das Stadttor zu treiben. Aber ein richtiges Fußballspiel war das noch nicht, weil sie auch die Hände zu Hilfe nehmen durften.
In England und Frankreich wurde diese Art des „Fußballspiels" bald verboten, weil die Menschen beim Spielen sehr ruppig miteinander umgingen. Feste Regeln gab es noch nicht, so daß Nasenbrüche an der Tagesordnung waren.
Im 16. Jahrhundert gab es in Italien schon einige Spielregeln. Damals ließen die feinen Herrschaften ihre Diener gegeneinander antreten. Dann endlich, 1863, gründeten die Engländer die Football Association, deren wichtigste Regel darin bestand, daß der Ball nicht mehr mit der Hand gespielt werden durfte. Erst 1869 wurde der Torwart eingeführt, der als einziger heute noch den Ball mit der Hand berühren darf.

Seitdem wurden überall Fußballvereine gegründet. An manchen Vereinsnamen kann man erkennen, seit wann es den Verein gibt. So gibt es den TSV 1860 München seit 1860. Der FC Schalke 04 wurde 1904 gegründet.
Den Deutschen Fußballbund gibt es seit 1900. Der Schweizer Fußballverband existiert bereits seit 1895. Am 5. April 1908 kam es zum ersten offiziellen Länderspiel zwischen der Schweiz und Deutschland in Basel, das die Schweizer mit 5:3 gewannen. Österreich besiegte im ersten Länderspiel Ungarn im Jahre 1902 mit 5:0.
Kennst du den VfB Leipzig? Das war 1903 der erste Deutsche Meister. Auch Mannschaften wie Union 92 Berlin, Phönix Karlsruhe oder die Spielvereinigung Fürth trugen einmal diesen Titel. Die Bundesliga gibt es aber erst seit der Saison 1963/64. Damals wurde der 1. FC Köln Meister.
Der erste Fußballweltmeister war 1930 Uruguay, das die Weltmeisterschaft im eigenen Land gewann. Bis jetzt war Deutschland dreimal Weltmeister (1954, 1974 und 1990). Österreich und der Schweiz blieben größere Erfolge leider verwehrt. Die besten Fußballer der Welt kommen aber immer noch aus Brasilien, das viermal Weltmeister werden konnte (1958, 1962, 1970 und 1994).
In Deutschland gibt es erst seit 1973 deutsche Damenfußballmeisterschaften, seit 1984 Europameisterschaften und seit 1987 Weltmeisterschaften. Auch die Deutsche Damennationalmannschaft hat große Erfolge erreicht. Sie ist mehrfacher Europameister und wurde sogar Vizeweltmeister, also zweiter, bei der Weltmeisterschaft 1995.

Dieses Foto zeigt den FC Germania Berlin im Jahr 1898

Die Fußballweltmeisterschaft

Seit 1930 findet die Fußballweltmeisterschaft für Nationalmannschaften alle vier Jahre immer in einem anderen Land statt. Ausnahme war dabei die Zeit zwischen 1938 und 1950, weil der Zweite Weltkrieg eine Austragung des Turniers unmöglich gemacht hatte. Die FIFA, das ist der Weltfußballverband, vergibt seit 1958 das Turnier abwechselnd an ein Land auf dem Erdteil Amerika und eines in Europa. Am Endrundenturnier der WM (Weltmeisterschaft) in den USA haben 24 Mannschaften, die sich in Qualifikationsspielen durchsetzen, teilgenommen. Seltsam ist, daß es bisher noch keiner europäischen Mannschaft gelungen ist, auf dem amerikanischen Kontinent den Weltmeistertitel zu gewinnen.

Es ist geplant, daß an zukünftigen Endrundenturnieren 32 Mannschaften teilnehmen. Die Fußballweltmeisterschaft ist das größte Fußballspektakel der Welt mit vielen hundert Millionen Zuschauern vor den Fernsehern und mit ausverkauften Stadien.

Alle Weltmeister auf einen Blick

1930	*Uruguay*	*in Uruguay*
1934	*Italien*	*in Italien*
1938	*Italien*	*in Frankreich*
1950	*Uruguay*	*in Brasilien*
1954	*Deutschland*	*in der Schweiz*
1958	*Brasilien*	*in Schweden*
1962	*Brasilien*	*in Chile*
1966	*England*	*in England*
1970	*Brasilien*	*in Mexiko*
1974	*Deutschland*	*in Deutschland*
1978	*Argentinien*	*in Argentinien*
1982	*Italien*	*in Spanien*
1986	*Argentinien*	*in Mexiko*
1990	*Deutschland*	*in Italien*
1994	*Brasilien*	*in den USA*
1998	………………	*in Frankreich*

Fußballeuropameisterschaften

Wie die Weltmeisterschaften werden auch die Europameisterschaften alle vier Jahre ausgetragen. Seit 1968 ebenfalls mit einer Qualifkation für ein Endrundenturnier, das immer in einem anderen europäischen Land stattfindet. An der Europameisterschaft dürfen nur Mannschaften teilnehmen, die dem europäischen Fußballverband, der UEFA, angehören. Die bisher erfolgreichste Mannschaft ist Deutschland. Sie war viermal im Endspiel und konnte zweimal Europameister werden.

Alle Europameister auf einen Blick

1960	*UdSSR*
1964	*Spanien*
1968	*Italien*
1972	*Deutschland*
1976	*Tschechoslowakei*
1980	*Deutschland*
1984	*Frankreich*
1988	*Niederlande*
1992	*Dänemark*
1996	*Deutschland*
2000	....

Deutsche Meister seit Einführung der Bundesliga

1964	*1. FC Köln*
1965	*Werder Bremen*
1966	*TSV München 1860*
1967	*Eintracht Braunschweig*
1968	*1. FC Nürnberg*
1969	*FC Bayern München*
1970	*Borussia Mönchengladbach*
1971	*Borussia Mönchengladbach*
1972	*FC Bayern München*
1973	*FC Bayern München*
1974	*FC Bayern München*
1975	*Borussia Mönchengladbach*
1976	*Borussia Mönchengladbach*
1977	*Borussia Mönchengladbach*
1978	*1. FC Köln*
1979	*Hamburger SV*
1980	*FC Bayern München*
1981	*FC Bayern München*
1982	*Hamburger SV*
1983	*Hamburger SV*
1984	*VFB Stuttgart*
1985	*FC Bayern München*
1986	*FC Bayern München*
1987	*FC Bayern München*
1988	*Werder Bremen*
1989	*FC Bayern München*
1990	*FC Bayern München*
1991	*1. FC Kaiserslautern*
1992	*VFB Stuttgart*
1993	*Werder Bremen*
1994	*FC Bayern München*
1995	*Borussia Dortmund*
1996	*Borussia Dortmund*
1997	....

DFB Pokalsieger seit Einführung der Bundesliga

1964	TSV 1860 München	1975	Eintracht Frankfurt	1987	Hamburger SV
1965	Borussia Dortmund	1976	Hamburger SV	1988	Eintracht Frankfurt
1966	FC Bayern München	1977	1. FC Köln	1989	Borussia Dortmund
1967	FC Bayern München	1978	1. FC Köln	1990	1. FC Kaiserslautern
1968	1. FC Köln	1979	Fortuna Düsseldorf	1991	Werder Bremen
1969	FC Bayern München	1980	Fortuna Düsseldorf	1992	Hannover 96
1970	Kickers Offenbach	1981	Eintracht Frankfurt	1993	Bayer Leverkusen
1971	FC Bayern München	1982	FC Bayern München	1994	Werder Bremen
1972	FC Schalke 04	1983	1. FC Köln	1995	Bor. Mönchengladbach
1973	Bor. Mönchengladbach	1984	FC Bayern München	1996	1. FC Kaiserslautern
1974	Eintracht Frankfurt	1985	Bayer 05 Uerdingen		
		1986	FC Bayern München	1997	....

Wußtest du schon, ...

... daß es in Österreich seit 1924 Fußballer gibt, die mit dem Sport Geld verdienen, in Deutschland Profis aber erst seit Einführung der Bundesliga?

Die begehrtesten Siegertrophäen auf einen Blick

Pokal für den Weltmeister

Pokal für den Europameister

Meisterschale für den Deutschen Meister

Murmelfußball

Du kannst dir ein Fußballspiel selbst bauen. Alles, was du dazu brauchst, sind: 1 Spanplatte 40 x 30 cm; 22 Nägel mit einer Länge von mindestens 3,5 cm für die Spieler; 10 Nägel für die Umrandung und die Tore; Gummibänder für die Bande; 1 Glasmurmel; 2 Eisstiele aus Holz

So wird's gemacht:
Zunächst nagelst du die 22 Spieler auf das Spielfeld. Die Torhüter gehören jeweils in die Mitte des linken und rechten Randes. Sie stehen ca. 0,5 cm vor den Toren. Die Pfosten der Tore werden durch Nägel markiert. Die Tore sollten 5 cm breit sein. Die anderen 20 Spieler nagelst du beliebig auf das Spielfeld. Achte dabei darauf, daß sich in jeder Spielfeldhälfte die gleiche Anzahl befindet. Wichtig ist nur, daß die Murmel immer zwischen zwei Nägeln hindurchrollen kann. Laß also beim Bauen immer wieder die Murmel durch die Nagelreihen rollen. Jeweils 1 cm vom Rand entfernt setzt du die Nägel für die Umrandung. Hier herum spannst du dann die Gummibänder, damit die Murmel während des Spiels nicht herausrollt. Du kannst das Brett mit Tusche anmalen. Die Köpfe der Nägel kannst du mit den Farben deiner beiden Lieblingsvereine bemalen.

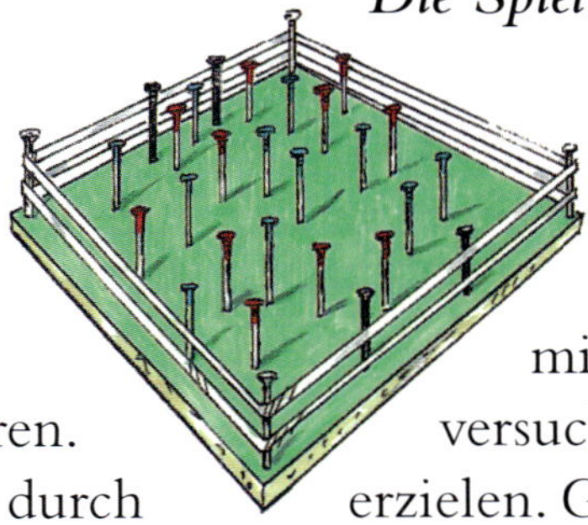

Die Spielregeln:
Zu Spielbeginn wird die Murmel in die Mitte gelegt. Dein Partner beginnt und schubst die Murmel mit seinem Eisstiel an. Dabei versucht er natürlich, ein Tor zu erzielen. Gelingt es ihm, so erhält er einen Punkt, und du hast Anstoß von der Mitte. Gelingt es ihm aber nicht, so mußt du die Murmel ausrollen lassen und darfst dann selbst von der Stelle, an der die Murmel liegenbleibt, mit deinem Eisstiel die Murmel anschubsen. Dann ist wieder dein Partner an der Reihe. Nach jedem Torerfolg wird das Spiel von der Mitte aus begonnen. Sollte die Murmel trotz der Umrandung doch einmal das Spielfeld verlassen, so wird von der Stelle aus weitergespielt, wo die Kugel hinausgerollt ist. Das Murmelfußballspiel kannst du überallhin mitnehmen. Die Spielregeln sind so einfach, daß du nirgendwo Verständigungsschwierigkeiten haben wirst.

Der Verein

Bevor du in einen Fußballverein eintrittst, hast du bei den meisten Vereinen die Möglichkeit, bis zu dreimal mitzutrainieren. Bedenke, bevor du dich für einen Verein entscheidest, daß es nicht nur wichtig ist, in einer Mannschaft zu spielen, die erfolgreich ist, sondern auch in einer, in der die Mitspieler freundlich sind. Vielleicht hast du Glück, daß ganz in deiner Nähe eine Fußballmannschaft trainiert. Erkundige dich auch, ob deine Freunde, Nachbarn oder Schulkameraden Mitglieder in einem Fußballverein sind. Vielleicht kannst du dich ihnen zum Probetraining anschließen.
Wenn dir das Training gefällt und die Mannschaftskameraden und der Trainer nett sind, läßt du dir ein Eintrittsformular geben, das deine Eltern dann ausfüllen müssen.
Der monatliche Beitrag ist in den Vereinen unterschiedlich. Er liegt für Kinder und Jugendliche zwischen 5 und 10 DM.

Hierhin kannst du dich bei weiteren Fragen wenden

Je nachdem, in welchem Teil Deutschlands du wohnst, kannst du dich an einen Regional- oder Landesverband wenden. Dort kannst du dich erkundigen, wo der für dich nächste Fußballverein ist. Die Verbände helfen dir aber auch weiter, wenn du noch mehr Fragen zum Fußball hast. Sie geben jedoch keine Auskunft über die Bundesliga, das macht nämlich der DFB, der Deutsche Fußball-Bund, bei dem du auch die Adressen der Regional- und Landesverbände erfragen kannst. Hier ist die Anschrift des DFB:

Deutscher Fußball-Bund
Otto-Fleck-Schneise 6
60528 Frankfurt/Main
Tel.: 069/67880

Beim DFB kannst du auch erfahren, wann und wo das nächste Länderspiel stattfindet.

Autogramme gibt es bei den Bundesligavereinen

Der DFB erfüllt dir keine Autogrammwünsche. Das machen die Bundesligavereine. Der DFB kann dir aber die Anschriften der Bundesligavereine geben. Bevor du um ein Autogramm eines Spielers bei einem Verein bittest, solltest du dich erkundigen, was es kostet. Bei den Vereinen mußt du nämlich berücksichtigen, daß sie die Portokosten erstattet haben wollen und manchmal sogar Geld für ein Autogramm verlangen, vor allem, wenn es sich um Autogrammkarten mit einem Foto deines Lieblingsspielers handelt. Ein Autogrammkartensatz von mehreren Spielern kann bei einigen Vereinen durchaus 10 DM kosten.

Hier kannst du das Emblem deines Fußballclubs zeichnen.

Wenn du in der Nähe eines Bundesligavereins wohnst, kannst du auch ein Training anschauen. Vor und nach dem Training erfüllen die Spieler manchmal kostenlose Autogrammwünsche. Bei den meisten Bundesligamannschaften gehört es sogar zur Pflicht der Spieler, diese Form der Öffentlichkeitsarbeit zu betreiben.

Regelquiz

Kreuze an, welche der folgenden Antworten deiner Meinung nach richtig sind.
Bei einigen Fragen treffen mehrere Antworten zu.

1. Welche Bedeutung hat der Strafraum?

A Der Torwart darf ihn nicht verlassen

B Der Torwart darf dort den Ball in die Hand nehmen

C Wenn ein Spieler der angreifenden Mannschaft dort gefoult wird, gibt es Elfmeter

2. Wann gibt es eine Ecke?

A Wenn der Ball über die Seitenlinie rollt

B Wenn ein Angriffsspieler den Ball über die Torauslinie schießt

C Wenn ein Abwehrspieler den Ball berührt, bevor er die Torauslinie überquert

3. Was passiert, wenn der Ball über die Seitenlinie rollt?

A Es gibt Einwurf

B Es gibt eine Ecke

C Es gibt Abstoß

4. Wann gibt es einen Anstoß von der Mittellinie?

A Nach einem Torerfolg

B Zu Beginn jeder Halbzeit

C Wenn ein Spieler im Abseits steht

5. Was darf der Torwart?

A Höchstens vier Schritte mit dem Ball in der Hand laufen

B Tore schießen

C Den Ball solange halten, wie er will

6. Woran erkennst du einen indirekten Freistoß?

A Der Schiedsrichter sagt es vorher an

B Der Schiedsrichter hält einen Arm hoch, bis ein zweiter Spieler den Ball berührt

C Die Linienrichter heben ihre Fahne hoch

7. Woran erkennst du einen Platzverweis?

A Der Schiedsrichter zeigt einem Spieler die gelbe Karte

B Der Schiedsrichter zeigt einem Spieler die gelbe und die rote Karte

C Der Schiedsrichter zeigt einem Spieler die rote Karte

8. Ein Spieler begeht außerhalb des Strafraums ein absichtliches Handspiel. Worauf entscheidet der Schiedsrichter?

A Er zeigt ihm die gelbe Karte

B Er gibt Elfmeter

C Er entscheidet auf direkten Freistoß

9. Darf der Torwart den Ball mit der Hand aufnehmen, wenn ein Mitspieler ihn mit dem Fuß zurückspielt?

A Ja

B Nein

10. Wann ist der Ball im Tor?

A Wenn er die Torlinie berührt

B Wenn er die Torlinie mit seinem vollen Umfang überquert hat

C Wenn der Torwart hinter der Torlinie liegt, sich der Ball aber noch davor befindet

Und hier die richtigen Antworten des Regelquiz:

1B, C; 2C; 3A;
4A, B; 5A, B; 6B;
7B, C; 8A, C; 9B; 10B

Fußballexikon

Abfälschen: Ein Ball wird abgefälscht, wenn er während des Fluges von einem Spieler berührt wird und seine Flugbahn sich dadurch verändert.

Aluminium: Material, aus dem die Tore bestehen.

Ampelkarte: Die gelb-rote Karte. Wenn der Schiedsrichter nacheinander die gelbe und die rote Karte zeigt – nach wiederholtem Foulspiel und wenn der Spieler schon die gelbe Karte erhalten hat –, muß der Spieler das Feld verlassen und ist dann für ein Spiel gesperrt.

Ballbeherrschung: Unter Ballbeherrschung versteht man die Fähigkeit eines Spielers, mit einem Ball all das machen zu können, was er will.

Ballgefühl: Damit ist die Kraft gemeint, die ein Spieler einsetzen muß, um einen Ball richtig und genau zu spielen oder anzunehmen.

Effet: Der Ball wird mit dem Fuß leicht angeschnitten. Dadurch beschreibt er im Flug eine Kurve.

Ehrenspielführer: Wie der Name schon sagt, ist dies ein Ehrentitel. Ihn erhalten besonders verdienstvolle Spieler. Ehrenspielführer der deutschen Nationalmannschaft sind Fritz Walter, Uwe Seeler und Franz Beckenbauer.

Eigentor: Ein Eigentor wird dann erzielt, wenn ein Spieler der verteidigenden Mannschaft den Ball versehentlich in das eigene Tor schießt. Eigentore fallen oft, wenn ein Abwehrspieler von einem Stürmer angeschossen wird und den Ball unhaltbar für den Torwart abfälscht.

Englische Woche: Von einer Englischen Woche spricht man, wenn eine Mannschaft innerhalb einer Woche drei Spiele machen muß. Meistens sind diese Spieltage Samstag, Mittwoch und Samstag.

Wußtest du schon, …

… daß auch Fußballspieler abergläubisch sind? Viele glauben nämlich, daß ein gefoulter Spieler einen Strafstoß nicht selbst treten sollte.

Geißbock:
Das offizielle Maskottchen des 1. FC Köln. Bei jedem Heimspiel dieser Mannschaft steht das Tier an der Seitenlinie und soll der Mannschaft Glück bringen.

Indirekter Freistoß: Aus einem indirekten Freistoß kann direkt kein Tor erzielt werden. Ein zweiter Spieler muß den Ball immer erst berührt haben, bevor der Ball die Torlinie überquert.

Käpitänsbinde: Die trägt der Mannschaftsführer.

Knappen: So heißen die Spieler des FC Schalke 04.

Lattenkreuz: Das ist die Stelle, an der die Torlatte und der Torpfosten miteinander verbunden sind.

Löwen: So nennt man die Spieler des TSV 1860 München.

Manndeckung: Bei der Manndeckung ist jeder Abwehrspieler für einen Angreifer verantwortlich.

Mauer: Eine Mauer bildet die Abwehr, wenn die Angreifer in Tornähe einen Freistoß erhalten. Dabei stellen sich mehrere Spieler eng nebeneinander und versuchen auf diese Weise, einen direkten Torschuß zu verhindern. Die Mauer muß mindestens 9,15 Meter vom Ball entfernt stehen.

Preßschlag: Wenn zwei Spieler gleichzeitig gegen den Ball treten, spricht man von einem Preßschlag.

Raumdeckung: Bei der Raumdeckung ist der Abwehrspieler für einen bestimmten Bereich des Spielfeldes zuständig.

Rekordnationalspieler: Das ist der Spieler, der für sein Land bisher die meisten Länderspiele gemacht hat.

Revanchefoul: Wenn ein Spieler von einem Gegner gefoult wurde und selbst gleich zurücktritt, nennt man dies ein Revanchefoul. Dafür gibt es die rote Karte.

Rote Laterne: Man sagt von einer Mannschaft, die in der Tabelle letzter ist, sie „trägt“ die Rote Laterne.

Rote Teufel: So heißen die Spieler des 1. FC Kaiserslautern.

Rückrunde: So wird die zweite Hälfte einer Punktspielserie genannt. Jeder Verein spielt noch einmal gegen jeden. So kommt es erst dazu, daß jede Mannschaft einmal auswärts bei einem Verein antreten muß und ihn einmal als Gast bei sich zu Hause hat.

Saison (sprich: säsong): Damit ist die Zeit gemeint, in der um Punkte Fußball gespielt wird. Sie dauert fast ein Jahr.

Schiedsrichterball: Es gibt Situationen im Spiel, in denen der Schiedsrichter das Spiel unterbrechen muß, obwohl kein Regelverstoß vorliegt, beispielsweise wenn sich ein Spieler ohne Einwirkung eines Gegenspielers verletzt und er schnell behandelt werden muß. Beim Schiedsrichterball läßt der Schiedsrichter den Ball aus Brusthöhe auf den Boden fallen. Sobald der Ball den Boden berührt, wird weitergespielt.

Schlagerspiel: Ein Spiel zwischen zwei Mannschaften, die weit oben in der Tabelle stehen.

Sechzehner: Anderes Wort für Strafraum.

Seitenwahl: Vor Spielbeginn werden die Seiten, auf denen die Mannschaften das Spiel beginnen, ausgelost. Hierzu treffen sich die beiden Mannschaftsführer mit dem Schiedsrichter an der Mittellinie. Der Schiedsrichter wirft eine Münze hoch. Der Gewinner der Wahl darf sich aussuchen, auf welcher Seite seine Mannschaft zuerst spielt. Er kann aber auch den Anstoß wählen.

Sperren: Beim Sperren versucht ein Spieler, dem Gegenspieler den Weg zu versperren, so daß dieser nicht an den Ball kommt. Er darf dies aber nur, wenn er den Ball führt (spielt) oder zum Ball geht. Sonst handelt es sich um „Sperren ohne Ball“ und wird in der Regel mit einem Freistoß bestraft.

Schwalbe: Ein ballführender Spieler läßt sich im Strafraum fallen, ohne vom Gegner gefoult zu werden. Er will auf diese Weise den Schiedsrichter täuschen und einen Strafstoß herausschinden. Bemerkt der Schiedsrichter den Täuschungsversuch, muß der Spieler mit einer gelben Karte rechnen.

Der Däne John Jensen versucht, Thomas Häßler den Ball wegzuspitzeln

Spitzeln: Hiermit ist das Spielen des Balles mit der Fußspitze gemeint.

Stammplatz: Ein Spieler, der über längere Zeit gute Leistungen in einer Mannschaft zeigt, hat einen Stammplatz. Er wird bei jedem Spiel eingesetzt.

Tabellenführer: Das ist die Mannschaft, die ganz oben in der Tabelle steht.

Tätlichkeit: Absichtliches Treten oder Schlagen eines anderen Spielers. Eine Tätlichkeit wird mit der roten Karte geahndet.

Tatsachenentscheidung: Schiedsrichterentscheidungen sind Tatsachenentscheidungen. Das heißt, wenn der Schiedsrichter erst einmal gepfiffen hat, gibt es kein Zurück mehr. Die Entscheidung, die er fällt, ob Foul oder Abseits oder Handspiel, gilt. Deshalb hat es auch keinen Zweck, sich über Schiedsrichterentscheidungen aufzuregen. Schließlich muß er seine Entscheidungen innerhalb von Sekundenbruchteilen fällen.

Team (sprich: tiem): Englisches Wort für Mannschaft.

Titelverteidiger: Die Mannschaft, die in der vergangenen Saison einen Titel errungen hat, beispielsweise Deutscher Meister. Sie will ihn natürlich in der laufenden Saison wieder gewinnen.

Unparteiischer: Anderes Wort für Schiedsrichter.

Vorteilsregel: Diese wendet der Schiedsrichter an, wenn zwar ein Foul oder Handspiel begangen wurde, die angreifende Mannschaft durch einen Pfiff aber an einer guten Chance gehindert würde. Das Spiel läuft dann weiter. Der Schiedsrichter zeigt dies durch eine rudernde Bewegung der Arme an.

Wußtest du schon, ...

... daß der höchste Sieg einer deutschen Nationalmannschaft 16:0 war? Der Gegner war 1912 Rußland bei der Olympiade in Stockholm.

Zebras: So nennt man die Spieler des MSV Duisburg.

In dieser Reihe sind im FALKEN Verlag bereits erschienen:
Mein Fahrradbuch (4938), Welches Tier paßt zu mir? (4940), Mein Hundebuch (4939),
Mein Katzenbuch (4894), Mein erstes Pferdebuch (4896), Mein Umzugsbuch (4895),
Mein Mutmachbuch (4897), Mein Krankenhausbuch (4898), Mein Buch vom Körper (4899)

Dieses Buch wurde auf chlorfrei gebleichtem und säurefreiem Papier gedruckt.

Die Deutsche Bibliothek – CIP-Einheitsaufnahme

Patz, Detlev:
Mein Fußballbuch / Detlev Patz – Niedernhausen/Ts. :
FALKEN, 1996
(FALKEN Ratgeber für Kinder)
ISBN 3-8068-4900-5

ISBN 3 8068 4900 5

Umschlaggestaltung: Peter Udo Pinzer
Gestaltung: Horst Bachmann
Redaktion: Ronit Jariv
Bildbeschaffung: Karin Herty
Herstellung: Ulrich Klein
Titelbild: Zefa: Steiner, Düsseldorf
Rückseitenbild (U4): Carsten Lerp, Frankfurt/M.
Fotos: Bongarts Sportfotografie GmbH, Hamburg: 20/1 (unterlegt), 32, 34 o., 39 u. l., 52, 53(2), 54(4), 56, Marcus Brandt: 20 u., 33, 34 u., 62 l., Lutz Bongarts: 18 o., 29 u., Rüdiger Fessel: 39 o., 61(2), A. Hassenstein: 39 u. r., Michael Kunkel: 12 u., 42/3, Bernd Lauter: 17 o., 41; **Pressebild-Agentur Schirner,** Berlin: 50/1; **Pressebilderdienst Horst Müller GmbH,** Düsseldorf: 48 u.(2); **Ullstein Bilderdienst,** Berlin: Horst Horstmüller: 48 o. r., Werek: 48 o. l.; **WEREK,** München: 40, 62 r.; **FALKEN Archiv,** G. u. M. Köhler, Leonberg: 3; alle übrigen Fotos: **Carsten Lerp,** Frankfurt/M.
Zeichnungen: Hartmut Dietrich, Dexheim; außer Rahmen: Peter Nieländer, Münster

Satz: FALKEN Verlag, Niedernhausen/Ts.
Druck: Sebald Sachsendruck, Plauen

817 2635 4453 6271